GEORGES SIX

AGRÉGÉ D'HISTOIRE ET DE GÉOGRAPHIE
INSPECTEUR D'ACADÉMIE A MONT-DE-MARSAN

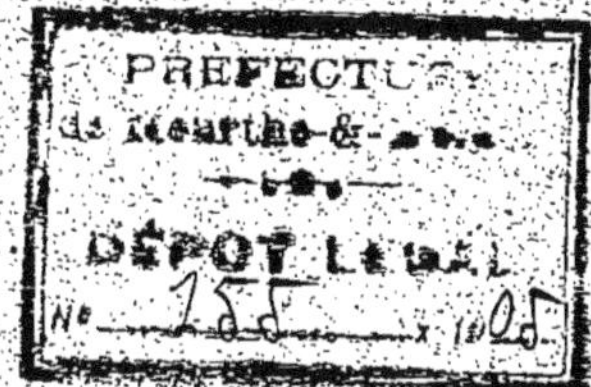

LA

BATAILLE DE MONS-EN-PÉVÈLE

18 AOUT 1304

EXTRAIT DES « ANNALES DE L'EST ET DU NORD ». — N° 2. 1905

BERGER-LEVRAULT ET Cie, LIBRAIRES-ÉDITEURS

Éditeurs des « Annales de l'Est et du Nord »

PARIS   **NANCY**
5, RUE DES BEAUX-ARTS, 5   18, RUE DES GLACIS, 18

1905

GEORGES SIX

AGRÉGÉ D'HISTOIRE ET DE GÉOGRAPHIE
INSPECTEUR D'ACADÉMIE A MONT-DE-MARSAN

LA

BATAILLE DE MONS-EN-PÉVÈLE

18 AOUT 1304

EXTRAIT DES « ANNALES DE L'EST ET DU NORD ». — Nᵒ 2. 1905

BERGER-LEVRAULT ET Cⁱᵉ, LIBRAIRES-ÉDITEURS

Éditeurs des « Annales de l'Est et du Nord »

PARIS	NANCY
5, RUE DES BEAUX-ARTS, 5	18, RUE DES GLACIS, 18

1905

LA

BATAILLE DE MONS-EN-PÉVÈLE

(18 août 1304)

———

La célébration du quatrième centenaire de la victoire de Mons-en-Pévèle a ramené l'attention sur ce fait d'armes bien oublié. Un livre récent, publié par M. l'abbé Hérent ([1]) se faisant opportunément l'écho de cette popularité renaissante, a eu pour but de donner à cette occasion un exposé complet de l'état actuel de la question. Il nous a paru néanmoins utile, même après l'ouvrage de M. l'abbé Hérent, de revoir les sources principales pour tenter de tracer à notre tour une esquisse qui pût servir à faciliter le travail des historiens contemporains. Nous nous sommes efforcé de chercher à découvrir la vérité au milieu des contradictions que présentent si fréquemment les sources françaises (*Chronique Artésienne* et poème de Guillaume Guiart : *La Branche des royaulx lignages*) et la source flamande la plus autorisée, les *Annales Gandenses*, œuvre d'un frère mineur anonyme de Gand ([2]). Peut-être n'y avons-nous pas toujours réussi : c'est que nous avons estimé qu'en tous cas l'incertitude vaut mieux que l'erreur ([3]); et le lecteur ne peut nous en savoir mau-

---

1. Abbé J. Hérent, *La Bataille de Mons-en-Pévèle*. Lille, Lefebvre-Ducrocq, 1904.

2. Pour la critique des sources, cf. les deux éditions de M. Funck-Brentano des *Annales Gandenses* et de la *Chronique Artésienne* dans la *Collection de textes pour servir à l'étude et à l'enseignement de l'histoire*, en particulier les deux préfaces.

3. Disons à ce propos, une fois pour toutes, que le récit de la bataille, dans Kervyn de Lettenhove, *Histoire de Flandre*, t. II, p. 519-528, ne doit être lu qu'avec la plus grande circonspection.

vais gré. Ceci dit, abordons notre récit sans autre préambule.

Profondément atteint dans son prestige royal par le désastre de Courtrai, Philippe le Bel avait résolu de prendre sa revanche sur les Flamands. Après deux expéditions infructueuses, l'une en 1302, l'autre en 1303, il réunit une nouvelle armée et arriva à Arras le 22 juillet 1304 (¹). Ayant appris que les Flamands occupaient Pont-à-Vendin, c'est-à-dire le passage qu'il fallait franchir pour marcher sur Lille, il *résolut de les tourner par l'est*. Le mercredi 29 (²) il vint loger à Fampoux, sur la Scarpe (³). Il en repartit le 31, tenta *une attaque contre Douai*, mais il dut se retirer, non sans dommage (⁴), devant la résistance de Henri de Namur (⁵) et *des Douaisiens. Il se dirigea alors sur Condé* (⁶), puis, par la rive droite de l'Escaut, gagna Tournai (⁷). De leur côté, *les Flamands, commandés par Philippe de Chieti* (⁸), suivaient le roi sur leur territoire à la distance d'une ou deux lieues. *Les deux armées étaient d'ailleurs séparées par une rivière*, la Marque, et par des marais (⁹) : les Flamands surveillaient *tous les passages. C'est ainsi qu'ils occupèrent* le pont de Bouvines et le Pont-à-Tressin (¹⁰) à deux lieues de Tournai (¹¹).

Le 9 août, le roi fit son entrée à Tournai (¹²) par la porte

1. *Chron. Artés.*, éd. Funck-Brentano, p. 81.

2. Et non point le 30 comme le dit M. l'abbé Hérent, ouvrage cité, p. 44.

3. *Chron. Artés.*, p. 81.

4. *Ann. Gand.*, éd. Funck-Brentano, p. 60.

5. Huitième fils de Gui de Dampierre, comte de Flandre, et de sa seconde femme Isabelle de Luxembourg.

6. *Chron. Artés.*, p. 81.

7. « Chronique de Gilles li Muisis », dans DE SMET, *Corpus Chronicorum Flandriæ*, t. II, p. 200.

8. Cinquième fils de Gui de Dampierre et de sa première femme Mahaut de Béthune. gouverne la Flandre pendant la captivité de son père et de ses deux frères aînés.

9. *Ann. Gand.*, p. 60.

10. *Chron. Artés.*, p. 81.

11. Nous signalons, en passant, une faute d'impression de l'édition Funck-Brentano des *Annales Gandenses*, p. 62, note 1 : « Philippe était devant Tournai le 18 août 1304. » Cette date étant celle de la bataille de Mons-en-Pévèle, il faut évidemment lire : *le 8 août*.

12. *Chron. de Gilles li Muisis*, dans DE SMET, t. II, p. 200 et *Chron. Tournais.*, dans l'édition Funck-Brentano de la *Chron. Artés.*, p. 82, note 1.

de Marvy, et tandis que la plus grande partie de son armée franchissait le fleuve en amont sur un pont fait tout exprès (¹), du côté du couvent des frères mineurs (²), il traversa la ville, passa le pont Saint-Brice avec son corps de troupes, suivi de Charles de Valois avec le sien, de Louis d'Évreux avec le sien, puis du connétable (³), enfin des Italiens et Vénitiens. Le roi entra dans l'église Notre-Dame (la cathédrale) et y pria, puis tous sortirent par la porte Saint-Martin (⁴). Philippe le Bel établit ses troupes hors de la ville ; l'avant-garde en était placée non loin du pont de Bouvines, à plus de deux lieues de là (⁵).

Le roi marcha alors sur Orchies (⁶), qui se rendit mais ne fut pas maltraitée (⁷). De là, le roi se porta sur Faumont où il vint loger, à une lieue d'Orchies, sur le chemin de Douai à Lille. Il ne pouvait tirer ses vivres que de Valenciennes et de Tournai (⁸). Il se proposait de franchir la Marque à Pont-à-Marcq quand les Flamands, le prévenant, quittèrent le Pont-à-Tressin et le pont de Bouvines (⁹) et vinrent occuper avant lui Pont-à-Marcq [11 août] (¹⁰). Une lieue environ séparait les deux armées. Ce jour-là tout le pays fut pillé et incendié entre Lille et Douai. Le roi résolut d'attendre pour se mettre en mouvement que les Flamands aient de leur côté levé le camp.

> Par cèle raison que je di
> Séjourna l'ost le mercredi.
>
> (G. Guiart, v. 19957-58.)

1. *Chron. Artés.*, p. 82.
2. *Gilles li Muisis*, p. 200.
3. Gaucher de Châtillon.
4. Au sud de la ville. C'est la porte où passe la route d'Orchies.
5. *Chron. Artés.*, p. 82.
6. *Chron. de Jean Desnouelles*, dans dom Bouquet, t. XXI, p. 194.
7. *Id.* et *Chron. Artés.*, p. 83.
8. *Chron. Artés.*, p. 83.
9. *Chron. Artés.*, p. 83.
10. Guillaume Guiart, *La Branche des royaulx lignages*, dans dom Bouquet, t. XXII, v. 19927-30.

Ainsi, le 12 août le roi reste dans la même position : rien dans les textes ne nous permet de dire qu'il ait quitté Faumont. La distance d'une lieue donnée par Guiart ne doit pas être considérée comme mathématiquement exacte, mais elle ne s'écarte guère de la vérité, puisque la distance est d'environ six kilomètres. Il faut bien se garder de demander aux récits de batailles du Moyen Age une extrême précision : les historiens les plus autorisés, M. Funck-Brentano (¹) en particulier, ont gardé sur ce point une réserve que nous nous empresserons d'imiter.

Le 13 août, les Flamands s'avancèrent en bon ordre jusqu'à mi-route de l'armée du roi. Il est impossible d'en évaluer le nombre. Guillaume Guiart (²) compte 200 000 Flamands. Les *Annales Gandenses* (³) 100 000 seulement. Dans les rangs français la *Chronique Artésienne* (⁴) compte 40 000 hommes à cheval et 60 000 hommes de pied. G. Guiart (⁵) 15 000 hommes d'armes et 100 000 hommes de pied. M. Funck-Brentano (⁶) trouve ces chiffres trop élevés et donne 60 000 Français et 80 000 Flamands. Le général Kœhler (⁷) adopte l'évaluation des *Annales Gandenses* qui n'ont aucun intérêt à augmenter le chiffre des combattants flamands puisque ceux-ci ont été battus. C'est aussi l'avis de M. l'abbé Hérent (⁸) ; mais il ne compte du côté des Français que 10 000 hommes d'armes et 80 000 hommes de pied (⁹). Tout en considérant que Guiart faisait partie de l'armée française dans cette expédition et pouvait être

---

1. FUNCK-BRENTANO, *Philippe le Bel en Flandre.* Paris, Champion, 1897, ouvrage capital sur cette question.

2. V. 20028.

3. P. 69.

4. P. 83.

5. V. 20454.

6. Ouvr. cité, p. 473, n. 2.

7. KŒHLER, *Die Entwickelung des Kriegswesens und der Kriegsführung in der Ritterzeit von Mitte des XI. Jahrhunderts bis zu dem Hussitenkriege,* t. II, p. 265. Breslau, 1886, in-8°.

8. Ouvr. cité, p. 58.

9. *Id.,* p. 62.

bien renseigné, nous nous bornerons à conclure que les effectifs étaient sensiblement voisins et qu'ils n'étaient guère inférieurs à 100 000 hommes.

Donc, les Flamands s'étant avancés « à mi-voie de l'ost » (¹), les Français chevauchèrent contre eux tout en armes. On rangea les corps de cavalerie en bataille (il y en avait 15) et, en attendant le combat, on fit beaucoup de chevaliers (²). Mais la position des Flamands était inattaquable de l'aveu de Guiart et de l'*Artésien* (³). Ils étaient protégés par des marais (⁴). Aussi les Français reculèrent-ils sans combattre.

> Par quoi François qui là tournèrent (⁵)
> Sans bataille s'en retournèrent.
>
> (G. Guiart, v. 19965-66.)

Le roi forma l'arrière-garde (⁶) tandis que les Flamands regagnaient leur camp par les sentiers (⁷). Le roi s'établit alors près de Mons-en-Pévèle (⁸). C'est à ce moment que la nouvelle de la bataille de Zierickzee (9 août) parvient au roi : il en est tout réconforté. Chez les Flamands, les frères et les neveux de Gui de Namur (⁹) s'efforcent d'empêcher le bruit de se répandre (¹⁰). Le même jour (13 août), des négo-

---

1. G. Guiart, v. 19961.

2. *Chron. Artés.*, p. 83.

3. *Id. id.*

4. M. l'abbé Hérent place leur position à Drumetz, au nord-ouest de Mons-en-Pévèle, mais « mi-voie de l'ost » de Guiart détruit entièrement cette hypothèse. Il serait plus vraisemblable de choisir le fond marécageux situé le long et à l'ouest de la grand'route, entre le versant nord-est de Mons-en-Pévèle et Pont-à-Marcq, vers la ferme du Blocus, à moitié route entre Pont-à-Marcq et Faumont. Néanmoins, sur la question topographique, toute hypothèse nous paraît très hasardée; celle de Drumetz nous paraît inadmissible, ce hameau étant situé beaucoup trop à l'ouest des deux armées.

5. M. l'abbé Hérent commet une erreur sur le sens de « là tournèrent ». Il l'interprète dans le sens de tourner une position, tandis que l'expression signifie tourner bride. J'ajoute que cette interprétation lui sert à appuyer son argumentation topographique en faveur de Drumetz.

6. *Chron. Artés.*, p. 83.

7. G. Guiart, v. 19967.

8. *Jean de Saint-Victor*, dans dom Bouquet, t. XXI, p. 643.

9. Septième fils du comte de Flandre Gui de Dampierre et de sa seconde femme Isabelle de Luxembourg. Il fut vaincu et fait prisonnier à Zierickzee.

10. *Ann. Gand.*, p. 67.

ciations furent ouvertes entre les deux partis. Mais les sources françaises et flamandes diffèrent sur le point de savoir quand et par qui elles furent entamées. Selon les *Annales Gandenses* ([1]), c'est au moment où le combat va commencer que le roi sollicite un peu de répit pour demander aux chefs s'ils désirent la paix ([2]). Ceux-ci ayant répondu affirmativement, une trêve est proclamée. Guillaume Guiart, d'accord sur plus d'un point avec la *Chronique Artésienne* ([3]), affirme que ce sont les Flamands qui demandèrent à traiter : ils envoyèrent au roi deux cordeliers ([4]). Le 14, ajoute-t-il, on décida que les négociations auraient lieu.

> Loingnet de l'host, près de l'yglise
> Qui sous Mons-en-Pelve est assise.
>
> (G. Guiart, v. 19977-78.)

Il désigne même les négociateurs ([5]). Du côté du roi de France, ce furent Robert II duc de Bourgogne, Jean II duc de Bretagne, Amédée V comte de Savoie, les deux maréchaux de France, Foulques de Merle et Miles seigneur de Noyers, Guillaume d'Harcourt ([6]), Foulques de Regni (Foucault de Rigny ?) et Brun de Verneuil. Du côté des Flamands se présentèrent Jean de Schoorisse, Jean de Cuyck et Gérard du Vert-Bois ([7]), ou Gérard Moor sire de Wesseghem, Alard de Roubaix et Gérard de Sotteghem ([8]), et douze bourgeois. Sans nous arrêter à la plus grande précision dans les détails chez Guillaume Guiart, qui d'ailleurs faisait partie de l'armée royale, nous penchons plutôt vers

---

1. *Ann. Gand.*, p. 67-68.

2. Les *Annales Gandenses* accusent le roi d'agir ainsi par ruse.

3. La *Chronique Artésienne*, p. 83, déclare que les Flamands envoyèrent deux des leurs, *le 14 août*, pour demander la paix.

4. G. Guiart, v. 19970.

5. G. Guiart, v. 19982-93.

6. Il fut grand-queux de France après Anselme de Chevreuse, qui périt à Mons-en-Pévèle.

7. Ces deux derniers suivant l'*Artésien* seul, p. 83.

8. Ces trois derniers suivant Guillaume Guiart seul, v. 19999-20004.

la version de l'auteur de *La Branche des royaulx lignages* :
1° parce qu'il ne convient pas au caractère du roi de France
de solliciter la paix de sujets révoltés auxquels on reproche
le massacre des matines de Bruges ; 2° parce que le roi
n'a subi aucun échec qui le mette en fâcheuse posture ;
3° parce que, au contraire, la nouvelle de la bataille de Zierickzee doit le porter à profiter de l'enthousiasme causé par
cette victoire française ; 4° parce que cette même bataille,
constituant un grave échec pour les Flamands, doit les
pousser à demander la paix.

Quoi qu'il en soit, les négociations se poursuivirent au
lieu dit (¹) les 15 et 16 août, mais sans résultat. Le roi,
prétendent les *Annales Gandenses* (²), faisait traîner les
négociations en longueur, dans l'espérance que les Flamands
seraient de plus en plus découragés à mesure que la nouvelle de la défaite de Zierickzee se répandrait dans leurs
rangs. Les négociateurs se séparèrent sans avoir pu se mettre
d'accord sur les réparations à accorder au roi.

Alors, le 17 au matin, le roi décampa pour se porter à
l'est de Mons-en-Pévèle, *versus ortum solis a monte Pavel-
lensi,* et se rapprocher de Douai, *versus Duacum,* si nous en
croyons les *Annales de Gand* (³). D'après la *Chronique Artésienne* (⁴) le roi avait l'intention d'aller s'emparer de Pont-
à-Vendin pour assurer le ravitaillement de l'armée. Mais il
n'eut pas le temps de donner suite à cette idée : les Flamands qui s'étaient mis en marche la nuit (⁵), emmenant
avec eux chariots et victuailles (⁶), vinrent s'établir « en une

---

1. M. l'abbé Hérent prétend que ces négociations eurent lieu au lieu dit le Parolant,
et il s'appuie, pour le démontrer, sur l'étymologie probable du mot. Cette raison ne
me paraît pas suffisamment convaincante.

2. *Ann. Gand.,* p. 69.

3. *Ann. Gand.,* p. 69.

4. *Chron. Artés.,* p. 84. Nous préférons la version de la *Chronique Artésienne.* Le
roi n'avait aucun motif de se replier sur Douai, sans avoir attaqué l'ennemi, surtout
après avoir appris la victoire de Zierickzee. Il concentre ses troupes à l'est de Mons-
en-Pévèle avant de se mettre en mouvement.

5. *Chron. Artés.,* p. 84.

6. G. GUIART, v. 20022.

moult bele pieche de tere deseure Mons-en-Pèvre » (¹). Tous les historiens sont ici d'accord pour reconnaître qu'il s'agit du mont lui-même, situé un peu au nord du village, à la cote 107. Ceci est très important, car l'expression *desur* Mons-en-Pévèle indique donc le *nord* de Mons-en-Pévèle. D'après G. Guiart (²) ils sont maintenant à une demi-lieue de l'armée royale. D'après les *Annales Gandenses* (³) la distance est « *unius modici milliaris* ». Le roi fut forcé de rester, dit l'*Artésien*, car les Flamands étaient venus si près de lui qu'il ne pouvait se retirer sans paraître fuir. Comme il avait massé son armée à l'est de Mons-en-Pévèle, on peut dire que le 17 au matin l'armée française était à moins d'une lieue de Mons-en-Pévèle, à l'est ou au sud-est, sur le chemin de Douai. A cette heure on se prépare au combat. Le roi fait crier par tout le camp que chacun revète une écharpe blanche (⁴) pour se reconnaître.

> Les ribauds les ont mises
> Faites de leurs propres chemises.
>
> (G. GUIART, v. 20046.)

A midi tout le monde était « atourné » (⁵). On marcha alors sur les Flamands (⁶), c'est-à-dire vers l'ouest, mais il n'y eut point de combat.

A la nuit, le comte Gui de Saint-Pol (⁷) vint se placer entre les deux armées et prit le guet. Le roi voulut le renforcer de 500 Normands, mais le comte les renvoya. Il fut

---

1. *Chron. Artés.*, p. 84.

2. G. GUIART, 20028.

3. *Ann. Gand.*, p. 69.

4. Cf. G. GUIART, v. 20035, et *Chron. Artés.*, p. 84.

5. C'est-à-dire recouvert à la fois de ses armes et de son écharpe. G. GUIART, v. 20048.

6. *Chron. Artés.*, p. 84.

7. Guillaume GUIART désigne le comte de Saint-Pol, v. 20056. L'*Artésien*, p. 84, Charles de Valois : c'est la version adoptée par M. FUNCK-BRENTANO, *Philippe le Bel en Flandre*, p. 473 ; enfin, les *Anciennes Chroniques de Flandre*, dans dom BOUQUET, t. XXII, p. 394, désignent le comte d'Armagnac. Il nous semble préférable de suivre Guiart qui faisait partie de l'armée française.

relevé par Thibaut de Chepoy, grand maître des arbalétriers, et il se replia avec ceux qui avaient passé la nuit [1].
A ce moment, les Flamands campés sur la montagne se
préparaient à partir [2]. Les Français croyaient qu'ils
allaient battre en retraite pour se retirer sous la protection
de leurs places fortes. Il n'en était rien : après avoir entendu
la messe et pris un léger repas, les Flamands s'armèrent,
abattirent leurs tentes pour que personne ne pût s'y cacher [3],
et ayant mis tous pied à terre, se mirent en route, laissant
sur le mont leurs tentes et leurs bagages. Leurs valets gardaient leurs chevaux au sommet du mont [4]. Ils traversèrent
un petit marais situé entre leurs tentes et Mons-en-Pévèle [5],
emmenant avec eux leurs chariots vides. Ils firent de ces
chariots un triple rempart. Quoi qu'en pense la *Chronique
de Saint-Denis* [6], ce rempart était uniquement destiné à
couvrir les derrières de l'armée flamande. Guillaume Guiart
le dit formellement [7], d'accord avec les *Annales Gandenses* [8]. La *Chronique Artésienne* rapporte qu'ils adossèrent leurs chars aux haies du village [9]. Ils avaient donc le
village derrière eux, et l'*Artésien* ajoute qu'ils se croyaient
suffisamment couverts par le marais et le retranchement
des chariots. Nous avons ainsi en détail le derrière de la
position des Flamands : un marais (celui qu'ils ont traversé),
puis le village et ses haies, enfin la triple rangée de chariots,
longue de 1030 pas [10]. Chaque rangée était formée par
des charrettes emboîtées de telle sorte que le derrière de

---

1. G. Guiart, v. 20072-73.

2. *Id.*, v. 20075.

3. *Ann. Gand.*, p. 69.

4. G. Guiart, v. 20194.

5. *Chron. Artés.*, p. 84. Ce marais a bien embarrassé les historiens. Il semble, et
c'est l'opinion de M. l'abbé Hérent, qu'il s'agisse ici des Près-Marais, au nord-est du
village.

6. Dom Bouquet, t. XX, p. 678.

7. G. Guiart, v. 20122-126.

8. *Ann. Gand.*, p. 70.

9. *Chron. Artés.*, p. 84 : « Et adossèrent leurs cars et les haies de le vile. »

10. G. Guiart, v. 20103.

l'une était emprisonné dans les brancards de l'autre (¹). Les trois rangs étaient séparés les uns des autres dans toute leur longueur par des ruelles où l'on pouvait circuler. Enfin, on avait ménagé des issues que gardaient de hardis sergents (²). Sur toute la barricade se dressaient panonceaux et bannières. Les troupes sont rangées sur 60 pieds d'épaisseur (³) dans la direction du nord au sud, parallèlement aux Français, qui sont ainsi orientés :

> Derrière eux va le renc sus destre
> Ausi con se nous dision
> *De midi à septentrion*
> Où les conroiz (⁴) sont estenduz.
>
> (G. GUIART, v. 20538-41.)

Leurs rangs sont protégés par de forts boucliers serrés les uns contre les autres (⁵). A la droite ils sont couverts par un fossé (⁶).

L'ordre de bataille varie suivant les historiens ; mais en ce qui concerne les Flamands, il apparaît que les *Annales Gandenses* doivent être mieux renseignées que Guillaume Guiart auquel nous donnerons la préférence pour l'ordre de bataille des Français.

A droite étaient les gens de la ville et du Franc de Bruges, ainsi que du pays des Quatre-Métiers (⁷). On y comptait beaucoup d'arbalétriers (⁸). Au centre étaient les gens d'Ypres, commandés par Guillaume de Juliers (⁹), ceux de

---

1. G. GUIART, v. 20093-96. Les Flamands avaient même enlevé une roue à chaque chariot pour le rendre immobile. Cf. *Ann. Gand.*, p. 70.

2. G. GUIART, v. 20108-110. Toute cette description est empruntée à Guillaume Guiart.

3. *Id.*, v. 20130.

4. Corps de troupes rangés en bataille.

5. G. GUIART, v. 20161-64.

6. *Id.*, v. 20194-99.

7. *Ann. Gand.*, p. 69-70.

8. G. GUIART, v. 20180.

9. Guillaume de Juliers était le petit-fils de Guillaume de Dampierre par sa mère, Marie, épouse du comte de Juliers. Il était prévôt de l'église de Maestricht et venait d'être élu archevêque de Cologne.

Lille, que conduisait Robert de Nevers (¹), puis ceux de Courtrai. Enfin, à gauche étaient les Gantois, sous Jean de Namur (²). Philippe de Flandre commandait l'armée et dirigeait de sa personne la droite.

Essayons maintenant de déterminer approximativement la position de l'armée flamande : elle tourne le dos à Mons-en-Pévèle, face à l'est. La droite sera donc au sud-est du village ; elle est voisine d'un ruisseau, dit Guillaume Guiart, v. 20199-200.

> Un autre fossé près d'eus rurent
> Plain d'yaue où à leur vouloir burent.

Or, il n'existe point au sud de Mons-en-Pévèle, ou à l'est, d'autre cours d'eau que le courant de Coutiches, situé à environ 900 mètres des premières maisons du village : ce qui correspond à la distance de 1 030 pas donnée au rempart de chariots qui protège la ligne jusqu'au village. La ligne des Flamands étend donc sa droite jusque vers le courant de Coutiches, sa gauche s'appuie aux Prés-Marais et son centre est adossé au village de Mons-en-Pévèle (³).

Passons aux Français : quand ils apprennent que les Flamands se rangent en bataille, ils courent aux armes. Le roi revêt son armure et donne partout comme cri de ralliement Montjoye Saint-Denis (⁴). Chacun court à son poste. Quelques-uns vont à l'artillerie (⁵) pour compléter leur armement. C'est là que les « bidaux » viennent s'approvisionner de dards (⁶).

---

1. Deuxième fils de Robert de Béthune, fils aîné de Gui de Dampierre.

2. Sixième fils du comte Gui de Dampierre et de sa seconde femme, Isabelle de Luxembourg.

3. Nous différons totalement d'avis avec M. l'abbé Hérent, qui place la bataille au nord du village, le long du chemin Montusse.

4. G. Guiart, v. 20216.

5. Guiart nous dit lui-même que cette artillerie est une sorte d'arsenal roulant où chacun peut se munir d'armes (carreaux, arbalètes, lances, dards, boucliers).

6. Les bidaux sont des mercenaires d'outre-Pyrénées, espagnols ou navarrais, armés à la légère.

**

Voici maintenant, d'après Guillaume Guiart, l'ordre de bataille de l'armée française. Disons tout de suite que rien n'est moins clair que cet ordre de bataille. Il est formé d'une série de corps qui se groupent séparément mais qui ne paraissent pas avoir été placés sur la même ligne. Au fur et à mesure qu'ils sont formés, ils se portent sur tel ou tel point du champ de bataille, sans direction d'ensemble. Le fait suivant le prouve : au début du combat, les machines de guerre furent abandonnées à elles-mêmes, par suite d'un mouvement presque général des corps de troupes sur les ailes de l'armée ennemie, et par suite du retard de la troupe du roi, qui fit plus de trois cents chevaliers et n'avança que lentement (¹). L'ordre de bataille donné par Guiart nous paraît être une sorte de catalogue plutôt qu'une description de la ligne de combat. Les transitions qu'il emploie, « après » ou « jouxte », sont trop vagues pour qu'on puisse en conclure que les troupes sont en colonne ou en ligne.

Ce n'est donc, à notre avis, que le mode de formation de chacun des corps, plutôt que leur place définitive sur le front d'attaque. Je signale, à l'appui de ma thèse, l'apparente contradiction entre les vers 20422-20424 et 20670. Dans les premiers, le roi chevauche « sus destre » près du duc de Bourgogne, du comte de Savoie et du sire de Beaujeu, et plus loin, alors que le duc de Bourgogne va se placer derrière les chars, le roi, dit le même Guiart, n'est pas encore arrivé sur le lieu du combat.

Ces réserves faites, voici, d'après Guiart, l'énumération des corps de troupes. A gauche est le corps de Thibaut de Chepoy, grand maître des arbalétriers (²) ; en tête sont les bidaux, couverts de targes, ainsi que les arbalétriers. A sa droite s'arrêtent les deux maréchaux. Après vient le connétable Gaucher de Châtillon, le comte de Saint-Pol, puis les

---

1. G. Guiart, v. 20666-70.
2. Cf. G. Guiart, v. 20266-20536.

gens du Languedoc, le vicomte de Turenne et la troupe du comte de Boulogne ainsi que celle de Charles de Valois.

Vient ensuite le corps du duc de Bretagne et auprès de lui, celui de Louis de France, comte d'Évreux. Puis, c'est la troupe du duc de Bourgogne, celle du comte de Savoie, celle de Guichard, sire de Beaujeu, et enfin celle du roi.

Les « conroiz » ou corps de cavalerie une fois constitués s'ébranlent, mais sans agir de concert, à ce qu'il semble. Dans toute cette bataille, aussi bien du côté des Français que du côté des Flamands, chaque troupe combat isolément. Le haut commandement manque presque absolument. C'est Thibaut de Chepoy qui prend le premier l'offensive à gauche. La plupart des corps suivent le mouvement et montent vers la ligne ennemie face aux Flamands [1] ; mais, arrivés en vue de l'armée flamande, les Français reconnaissent qu'elle présente un front à peu près inattaquable [2]. Alors tous ou presque tous, sans se consulter, décident de le tourner. Il est alors plus de 9 heures [3].

Thibaut de Chepoy, précédé de ses arbalétriers, appuie sur sa gauche pour dépasser l'aile droite des Flamands, puis franchit le fossé pour les prendre en flanc. Le tir des arbalétriers commence [4]. Les Flamands sont repoussés jusqu'au gros de leur troupe. A ce moment le comte de Saint-Pol, qui s'est avancé plus à droite, prend le galop, tourne sur sa gauche, dépasse Thibaut de Chepoy et va se placer derrière les chariots en arrière des Brugeois [5]. Les maréchaux font de même. De son côté le connétable en fait autant en tournant la gauche ennemie par un mouvement sur la droite [6]. Il traverse un dangereux passage [7], étroit

---

1. G. Guiart, v. 20545.
2. Cf. G. Guiart, v. 20568.
3. *Chron. Artés.*, p. 85 : « Et estoit bien l'heure de tierche. »
4. G. Guiart, v. 20605-607.
5. *Id.*, v. 20640.
6. *Id.*, v. 20649.
7. C'est le prolongement des Prés-Marais.

et coupé de fossés, près des Flamands postés dans un bosquet ([1]). Charles, puis Louis de France, les ducs de Bretagne et de Bourgogne font de même ([2]).

Le résultat de ce mouvement tournant fut de dégarnir le centre de l'armée française. Il y avait là 5 machines de guerre, 3 « perdriaux » et 2 espringales. Les « perdriaux » jetaient des pierres, et les espringales jetaient des traits ([3]). Ils n'avaient pour les garder que la troupe du comte de Boulogne ([4]), car le roi n'était pas encore entré en ligne ([5]). La cavalerie française, qui avait fait reculer les arbalétriers flamands ([6]), se trouvant tout à coup affaiblie, s'arrêta au lieu de charger ([7]). Les arbalétriers flamands, surtout les Gantois, avaient, en se retirant, coupé les cordes de leurs arbalètes et lancé leurs armes dans les jambes des chevaux ([8]). Les arbalétriers brugeois avaient forcé la cavalerie française à reculer à la distance d'un trait d'arbalète ([9]). Le combat, alors, languit sur tout le front : il n'y a plus que des luttes partielles : des groupes de Flamands sortent des rangs au nombre de 10, 20 ou 40, et en viennent aux mains avec les Français, puis, quand ils sont accablés par le nombre, ils rentrent dans leurs rangs et d'autres viennent prendre leur place ([10]). Mais vers 3 heures, comme ils souffraient beaucoup du tir des « perdriaux » et des espringales, ils prennent l'offensive : les Yprois ([11]) attaquent avec vigueur, coupent les cordes des

---

1. Cf. G. Guiart, v. 20551-54.

2. La *Chronique Artésienne* donne des indications semblables, mais en faisant tourner par la droite Thibaut de Chepoy et le duc de Bourgogne, et par la gauche le connétable, les maréchaux et le comte de Saint-Pol. Nous avons adopté de préférence la version de Guiart pour les raisons indiquées plus haut.

3. Cf. G. Guiart, v. 20557-60.

4. *Chron. Artés.*, p. 85.

5. Cf. G. Guiart, v. 20673.

6. On voit donc que le front de la ligne flamande était couvert, à quelque distance, par une ligne d'arbalétriers. (*Ann. Gand.*, p. 70.)

7. *Ann. Gand.*, p. 70.

8. C'est une tactique habituelle des Flamands. Ils agirent de même à Courtrai.

9. *Ann. Gand.*, p. 71.

10. *Ann. Gand.*, p. 71.

11. *Ann. Gand.*, p. 72.

espringales et s'emparent de quatre machines qu'ils brisent (¹). L'arrivée du roi les force à reculer (²).

Mais pendant ce temps, sur les derrières de l'armée flamande, la lutte est devenue très vive. Le connétable, les maréchaux, le comte de Saint-Pol tentent un vigoureux effort pour enfoncer le rempart des chariots. Les gens de pied cherchent à franchir la barricade ; ils pénètrent dans les ruelles entre les trois lignes de voitures (³). Les Flamands montés sur les chars se défendent courageusement. Quelques-uns se glissent sous les chariots et tuent les chevaux, qu'ils frappent au ventre en passant leurs lances entre les rayons des roues. Le cheval s'abat, le maître tombe et est tué aussitôt.

Il régnait ce jour-là une chaleur accablante : les combattants des deux partis souffraient cruellement de la soif et de la chaleur. Beaucoup périrent d'insolation, et parmi eux le comte d'Auxerre (⁴) et le frère du comte de Bourgogne (⁵). Les Flamands surtout mouraient de soif; pour se désaltérer, certains d'entre eux buvaient leur urine (⁶). D'autres suçaient le fer de leurs armes pour se rafraîchir la bouche. Du côté des Brugeois il y avait un ruisseau dont les eaux étaient troubles ce jour-là. Ils s'y rendaient néanmoins en foule pour boire. Alors les bidaux s'élançaient sur eux et les criblaient de dards.

Vers midi (⁷) l'infanterie royale, apercevant sur le mont les tentes des Flamands, s'y précipite et s'empare d'un immense butin qu'elle rapporte ensuite au camp royal. La cavalerie elle-même court au pillage : Thibaut de Chepoy reste presque seul. Il semble qu'à la suite de cet événe-

1. *Chron. Artés.*, p. 86.
2. G. Guiart, v. 20677-78.
3. G. Guiart, v. 20726 et seq.
4. Guillaume de Châlons.
5. Sans doute Hugues, sire de Montbozon, frère du comte Othon IV.
6. G. Guiart, v. 20858.
7. Selon G. Guiart, v. 20998-21000.

ment (¹), les Flamands, découragés par la perte de leurs vivres et de leurs bagages, aient demandé à traiter (²). Les *Annales Gandenses* prétendent que c'est le roi Philippe le Bel qui demanda à négocier (³), mais une autre source flamande, la *Chronique d'Adrien de Budt,* moine de l'abbaye des Dunes, est d'accord sur ce point (⁴) avec les sources françaises, qui toutes sont du même avis.

Quoi qu'il en soit, cette ruse ne fut guère profitable qu'aux Flamands, car, tandis que le roi demandait conseil à ses frères et à ses barons, les Français, convaincus que la paix allait être faite, cessèrent de combattre et en profitèrent pour se reposer. Ils jettent leurs heaumes à terre (⁵) et se dispersent çà et là pour chercher de l'ombrage. Le roi envoie dire au comte de Saint-Pol de se replier et de reprendre position face aux Flamands. Lui-même descendit de cheval sur le bord d'un fossé en attendant la réponse des Flamands.

> Ceux qui avec lui descendirent
> Le chief tout nu boire le firent.
>
> (G. GUIART, v. 21109-110.)

Pendant ce temps, au reçu de l'ordre du roi, le comte de Saint-Pol avait mis sa troupe en retraite. Mais, voyant ce mouvement rétrograde, imité bientôt par les autres troupes avancées de l'aile gauche française, les Flamands qui gar-

---

1. Si nous en croyons GUIART, v. 21072. Mais il règne sur ce point une très grande incertitude. La *Chronique Artésienne* place, elle aussi, le pillage du camp flamand presque au début de la bataille, p. 85. Les *Annales Gandenses,* au contraire, p. 73-74, placent cet événement après les fausses négociations de paix. Comme nous le dirons plus bas, les *Annales Gandenses* sont ici très sujettes à caution à cause de leur partialité évidente. Pour excuser la rupture des négociations par les Flamands, elles donnent comme raison le pillage du camp flamand. Il y a donc lieu, à notre avis, de replacer les événements dans l'ordre indiqué par les sources françaises, sans, d'ailleurs, tenir grand compte de l'heure de midi, et surtout sans faire de la prise du camp flamand la cause directe et immédiate de l'ouverture des négociations.

2. *Chron. Artés.,* p. 86. Il était alors environ 5 heures du soir : « un peu devant complie ».

3. *Ann. Gand.,* p. 73. Elles accusent même ici le roi de trahison.

4. *Chron. d'Adrien de Budt,* dans DE SMET, *Recueil des Chroniques de Flandre,* t. Iᵉʳ, p. 110.

5. G. GUIART, v. 21099-100.

daient les chariots quittent leur poste de combat et attaquent avec vigueur les corps français qui se replient (¹). Plus de 10 000 Flamands se ruent ainsi à l'attaque. Les chefs de l'armée flamande se concertent pour tenter une attaque générale (²). Mais Guillaume de Juliers, plus impatient, n'attend pas que les autres soient en mesure de le soutenir. Il voit devant lui les Français descendus de cheval et tête nue. Il juge le moment favorable, appelle les siens, tire l'épée, en baise la croix, saute le fossé et se jette sur l'ennemi avec environ 700 hommes (³). Les bidaux, qui ce jour-là se conduisirent bravement, criblent sa troupe de projectiles. Mais l'élan des Flamands qui s'avancent en ordre serré est irrésistible. Toute la ligne française recule, se débande et s'enfuit. Le comte de Saint-Pol (⁴), le comte de Savoie (⁵) étaient parmi les fuyards. Geoffroi de Paris, dans sa *Chronique rimée* (⁶), accuse formellement les nobles de trahison, en particulier le comte de Savoie. L'auteur est contemporain des événements qu'il raconte et il est le fidèle traducteur de l'opinion populaire qui, dès cette époque, se méfiait des seigneurs et voyait dans tout désastre une trahison.

Mais les corps de cavalerie qui avaient tourné les ailes des Flamands se rabattent alors sur la troupe de Guillaume de Juliers. Louis d'Évreux, les deux maréchaux, le connétable, prennent le galop pour dégager les bidaux. Leur soudaine irruption empêche les autres Flamands de l'aile droite de

---

1. G. Guiart, v. 21133-134.

2. *Ann. Gand.*, p. 74.

3. G. Guiart, v. 21160-165 et seq. Guiart est le seul qui montre l'attaque de Guillaume de Juliers précédant celle des autres Flamands, mais le reste des sources indique simplement qu'il y a eu une attaque générale, sans en préciser les épisodes.

4. Si nous en croyons la *Chronique des comtes de Flandre*, publiée dans le *Recueil* de de Smet, t. Iᵉʳ, p. 174.

5. Cf. *Chron. de Jean Desnouelles*, dans dom Bouquet, t. XXI, p. 194; *Adrien de Budt*, dans de Smet, t. Iᵉʳ, p. 310; Geoffroi de Paris, *Chronique rimée*, dans dom Bouquet, t. XXII, v. 2821.

6. Geoffroi de Paris, *Chronique rimée*, dans dom Bouquet, t. XXII, v. 2815-24. La bataille de Furnes fut l'occasion de semblables accusations de la part du peuple flamand contre les nobles. Cf. Funck-Brentano, ouvr. cité, p. 252.

soutenir Guillaume de Juliers (¹) : ils se retirent derrière le fossé. Cernés de toutes parts, les 700 hommes du brave Guillaume sont accablés sous le nombre. Guillaume les range en cercle (²), mais ils succombent les uns après les autres ; Guillaume lui-même périt.

Les sources flamandes (³) prétendent qu'on ne put retrouver son cadavre et une tradition populaire se répandit que son corps avait été enlevé par un artifice magique, mais que Guillaume réapparaîtrait vivant à l'heure du danger. Les sources françaises déclarent avec plus de précision qu'il tomba de cheval, jeté à terre par ses adversaires (⁴). La *Chronique* de Jean Desnouelles, celle de Jean de Saint-Victor et la *Chronique tournaisienne* (⁵) sont d'accord pour affirmer qu'il se rendit à Renaud de Dammartin, mais que celui-ci refusa de le recevoir à merci et qu'il le frappa de deux coups de miséricorde pour venger la mort du comte d'Artois, ou, selon Jean Desnouelles, pour venger son père (⁶). On lui trancha la tête (⁷), si nous en croyons les anciennes chroniques de Flandre (⁸) et la *Chronique de Saint-Denis* (⁹). Les *Annales Gandenses*, qui connaissent ce fait, soutiennent (¹⁰) que ce n'est pas la tête de Guillaume qui fut présentée au roi par quelques sergents d'armes (¹¹), mais celle d'un chapelain de Gand que l'auteur des *Annales* a bien connu. Le Minorite ajoute que ce chapelain ressemblait à Guillaume de Ju-

---

1. G. GUIART, v. 21193.

2. Cf. *Chronique des comtes de Flandre, Recueil* de DE SMET, t. Ier, p. 174. C'était la tactique favorite de Guillaume. Voir le récit de la bataille d'Arques dans FUNCK-BRENTANO, p. 441.

3. *Ann. Gand.*, p. 78-79. Les *Annales de Gand* sont très développées en ce qui concerne la mort de Guillaume de Juliers.

4. Cf. G. GUIART, v. 21198 et seq.

5. Dans l'édition FUNCK-BRENTANO de la *Chronique Artésienne*, p. 87, note 1.

6. Jean de Trie, comte de Dammartin, fut en réalité tué à cette même bataille de Mons-en-Pévèle. Cf. P. ANSELME, t. VI, p. 669.

7. Adrien de Budt, dans DE SMET, t. Ier, p. 314, nie le fait.

8. Dom BOUQUET, t. XXII, p. 395.

9. Dom BOUQUET, t. XX, p. 678-679.

10. *Ann. Gand.*, p. 79.

11. Ce fait est rapporté par les *Anciennes Chroniques de Flandre*. Dom BOUQUET, t. XXII, p. 395.

liers (¹), et qu'il périt dans la bataille. Il rapporte aussi qu'on prétendit que le corps de Guillaume fut retrouvé entier moins une main coupée, deux mois plus tard environ, et qu'il fut enterré à Flines avec sa famille. Peu importe qu'on ait retrouvé ou non son cadavre, mais il est intéressant de signaler au passage cet exemple curieux de naissance d'une légende au lendemain de la mort d'un héros national.

Tandis que Guillaume de Juliers succombait, le reste de l'armée flamande s'ébranlait en agitant bannières et panonceaux (²). Mais l'aile gauche, sous Jean de Namur, ne prit pas l'offensive. Épuisés de fatigue, affaiblis par la chaleur et leurs nombreuses blessures (³), mourant de soif et enfin dégoûtés de la lutte, les Gantois profitent du désordre jeté dans les rangs français par les attaques successives de Guillaume de Juliers, de Philippe et de Robert de Flandre pour s'enfuir en toute hâte vers Lille (⁴) où ils arrivèrent avant la nuit (⁵).

Mais à l'aile droite la situation était toute différente : Philippe, à la tête des Brugeois et des autres Flamands qui n'avaient pas lâché pied, marche droit au roi (⁶). L'heure était déjà avancée (⁷); aux cris des Flamands le désordre se met dans les rangs français : les gens de pied s'enfuient (⁸); les cavaliers, qui avaient la tête découverte et étaient couchés à terre, remontent précipitamment à cheval et gagnent le large (⁹). Les Flamands, au milieu d'un grand désordre et d'un carnage effroyable, se précipitent vers le roi en criant : « Au roi, au roi, jà sera pris (¹⁰). »

---

1. *Sibi aliquantulum similis qui in bello corruit et quem ego bene novi.*

2. G. GUIART, v. 21205-07.

3. *Ann. Gand.*, p. 75.

4. Jean de Namur était accompagné de son frère Henri, qui était venu de Douai avec 200 cavaliers pour prendre part à la bataille. Cf. *Ann. Gand.*, p. 75.

5. Cf. *Ann. Gand.*, p. 75. Donc, vu la distance, ils ont dû battre en retraite avant 6 heures du soir.

6. *Ann. Gand.*, p. 75.

7. C'était un peu avant le coucher du soleil, disent les *Annales de Gand*.

8. G. GUIART, v. 21220.

9. *Id.*, v. 21213-215.

10. *Id.*, v. 21236.

En entendant ces cris, le roi jette en hâte son bassinet sur sa tête et essaie de se remettre en selle avec l'aide de Jacques et Pierre Gentien (¹). Il y réussit non sans peine à cause du poids de son armure (²). Il restait peu de monde autour de lui, car la plupart des soldats de sa « bataille » l'abandonnèrent (³). Le roi tint courageusement tête à l'ennemi ; toutes les sources, même flamandes, sont d'accord sur ce point. Il semble, si nous nous en rapportons aux *Annales Gandenses,* pages 75-76, qui donnent beaucoup de détails sur cette partie de la bataille, qu'il y ait eu deux attaques successives des Flamands. Au premier choc le destrier du roi fut tué ; le roi fut désarçonné (⁴) et plusieurs de ses compagnons périrent autour de lui. Là succombèrent Brun de Verneuil qui tenait le cheval du roi par la bride, les deux Gentien, Anselme de Chevreuse qui portait l'oriflamme, Hugues de Boville, conseiller du roi, et beaucoup d'autres. Le roi avait combattu avec tant d'ardeur qu'il avait perdu toutes ses armes offensives. Un boucher lui tendit alors une énorme hache d'armes dont il frappait avec une telle vigueur, qu'à chaque coup qu'il portait il abattait un adversaire (⁵).

La première troupe des Flamands avait dépassé le roi sans le reconnaître, si nous en croyons les *Annales Gandenses* (⁶). L'oriflamme était tombée à terre. Elle fut même un instant au pouvoir des Flamands (⁷), mais ils s'enfuirent et la laissèrent sur le champ de bataille. Selon la *Chronique* de Jean

---

1. G. GUIART, v. 21240-47. Ils étaient cousins et non frères. Cf. BORRELLI DE SERRES, *Recherches sur divers services publics.* I. Notice VII, p. 606.

2. Cf. *Chron. de Jean Desnouelles,* dans dom BOUQUET, t. XXI, p. 194, et G. GUIART, v. 21251-56.

3. G. GUIART, v. 21256-61, dit qu'il n'avait pas autour de lui 40 hommes. La *Chronique anonyme des rois de France,* dans dom BOUQUET, t. XXII, p. 18, dit qu'il n'avait pas plus de 16 chevaliers.

4. Bien que ni Guiart, ni l'*Artésien* n'en parlent, le fait doit être exact ; il est confirmé par Jean Desnouelles dans dom BOUQUET, t. XXI, p. 194, et par la *Chronique anonyme des rois de France,* dans dom BOUQUET, t. XXII, p. 18.

5. *Chron. anonyme des rois de France,* dans dom BOUQUET, t. XXII, p. 18.

6. *Ann. Gand.,* p. 76.

7. Cf. GUIART, v. 21296-98. Il dit aux vers 20428 et seq., que ce n'était pas la véritable oriflamme que l'on gardait à Saint-Denis.

Desnouelles([1]), le maréchal Miles de Noyers la releva. Au contraire, les *Anciennes Chroniques de Flandre* prétendent qu'on la retrouva le lendemain sur le champ de bataille « pertuisée en deux endroits ».

Mais un second bataillon flamand arrivait sur le roi([2]). Philippe le Bel essaya de se remettre en selle, mais le poids de ses armes et la proximité de l'ennemi rendaient l'opération difficile. Alors un chevalier descendit de cheval et, se courbant en deux, présenta son dos au roi. Le roi, profitant de cet escabeau d'un nouveau genre, réussit cette fois à sauter à cheval. Il était temps : l'ennemi était sur lui. La tête de son fidèle chevalier venait de rouler aux pieds de son cheval([3]). Lui-même eut son cheval blessé d'un coup de goedendag par un soldat flamand([4]).

Le roi se dégagea alors grâce à la vigueur de son destrier, bondissant de douleur sous le coup, et en quelques sauts rejoignit ses chevaliers qui déjà accouraient de toute part([5]). Charles de Valois, son frère, accourait le premier avec Gautier de Brienne([6]). Louis d'Évreux le suit bientôt avec le comte de Clermont([7]). A gauche les deux maréchaux tiennent tête aux Flamands ; le comte de Saint-Pol revient sur ses pas. Pendant ce temps les Flamands, poussant toujours droit devant eux, étaient parvenus jusqu'à la tente du roi([8]) ; ils se mirent à piller les bagages et surtout les provisions, car

1. Dom Bouquet, t. XXII, p. 395.

2. *Ann. Gand.*, p. 76.

3. *Chron. anonyme des rois de France*, dans dom Bouquet, t. XXII, p. 18.

4. *Ann. Gand.*, p. 76. Les *Annales* ajoutent même que le roi fut blessé, et plus loin, p. 80, elles rapportent que le roi se retira à Arras pour soigner sa blessure et qu'il y resta quinze jours environ. Mais la *Chronique Artésienne*, toujours minutieusement renseignée sur ce qui s'est passé à Arras, n'en dit pas un mot. Il n'y a donc pas lieu de retenir ce fait.

5. Les *Annales Gandenses* et la *Chronique anonyme de Saint-Denis* sont d'accord pour déclarer que le roi témoigna plus tard sa reconnaissance à ceux qui avaient contribué à lui conserver la vie et la liberté en cette circonstance.

6. Cf. *Chron. anon. des rois de France* dans dom Bouquet, t. XXII, p. 18, et G. Guiart, v. 21316-320.

7. *Chron. de Jean Desnouelles*, dans dom Bouquet, t. XXI, p. 194.

8. *Ann. Gand.*, p. 77, et G. Guiart, v. 21400.

ils n'avaient rien mangé depuis le matin. Mais ils s'aperçoivent alors que le reste de leur armée a quitté le champ de bataille. Le soir est venu (1) : les Flamands, dispersés et presque cernés de toute part, comprennent que l'ennemi est derrière eux, que leur ligne de retraite va être coupée. Les Français sont arrêtés près des charrois, n'osant s'avancer plus loin, car la nuit est déjà obscure : il est temps de se replier, la lune va se lever. Les Flamands se rassemblent, puis se mettent en retraite sur Mons-en-Pévèle, leurs quatre-vingts bannières droites, tous en rangs serrés (2), s'avançant lentement en écartant de leur chemin les troupes françaises qu'ils rencontrent. Au nombre de plus de 20 000, ils se retirent sans se détourner vers leurs chariots en passant par la gauche (3). Arrivés au sommet de la colline, ils sonnent de la trompe pour rallier leurs soldats dispersés et s'arrêtent quelque temps pour se reposer, puis ils se replient ensuite sur Lille sans être poursuivis (4).

Pendant ce temps le roi se faisait apporter des torches (5) et parcourait le champ de bataille à la recherche des morts de distinction (6), puis, après avoir laissé une forte troupe pour garder le champ de bataille dans le cas d'un retour offensif des Flamands (7), il revient à son camp aux flambeaux, entouré des princes et des barons, joyeux et victorieux (8). Il descend de cheval à l'entrée de sa tente, fait appeler ses chapelains et chanter un *Te Deum* (9).

La bataille avait été chaudement disputée : les pertes furent sanglantes de part et d'autre. Sur ce point les calculs

---

1. *Ann. Gand.*, p. 77.

2. Cf. G. Guiart, v. 21450-56; *Ann. Gand.*, p. 77.

3. C'est-à-dire à l'ouest des chariots. Cf. G. Guiart, v. 21455-56.

4. *Ann. Gand.*, p. 77, et G. Guiart, v. 21411 et 21436-39.

5. G. Guiart, 21470-71.

6. *Ann. Gand.*, p. 77.

7. *Chron. Artés.*, p. 88.

8. Cf. G. Guiart, v. 21472-73, et *Chron. de Saint-Denis*, dans dom Bouquet, t. XX, p. 679.

9. Cf. G. Guiart, v. 21474-77.

varient extraordinairement. Si nous laissons de côté les évaluations fantaisistes de certaines sources françaises (¹), nous trouvons des chiffres plus vraisemblables : 4 000 Flamands tués dont 11 chevaliers, d'après les *Annales de Gand,* 8 000 Flamands d'après la *Chronique Artésienne.*

Pour les Français, seules les *Annales de Gand* nous donnent un chiffre qui n'a rien de très exagéré : 9 000 tués dont 18 barons et 300 chevaliers. Tout en tenant compte de l'amour-propre national du moine gantois, il nous semble probable que, d'après les péripéties du combat, les pertes des Français aient été plus fortes que celles des Flamands.

Quant au nombre des blessés, il nous paraît impossible d'en tenter une évaluation même approximative. Les *Annales Gandenses* portent ce chiffre à la moitié des combattants pour les Flamands, soit 50 000 hommes, ce qui nous paraît tout à fait hors de proportion avec les conditions mêmes du combat.

Quoi qu'il en soit, c'était une victoire pour les Français ; dès le surlendemain 20 août, ils levèrent le camp, traversèrent le champ de bataille, franchirent la Marque à Pont-à-Marcq, et gagnèrent Seclin (²) qu'ils incendièrent, puis allèrent mettre le siège devant Lille (24 août) qui fut bientôt cernée de toutes parts.

On sait quels furent les résultats de la bataille de Mons-en-Pévèle, gagnée, de l'aveu de tous les historiens, par la bravoure et le sang-froid de Philippe le Bel. Il en témoigna sa reconnaissance à Dieu — car cet adversaire de Boniface VIII était un prince pieux (³) — en faisant de nombreux dons aux églises. « A Paris, il fit dresser sa statue équestre sous les nefs de Notre-Dame et il institua une fête annuelle au lendemain de l'Assomption (⁴). »

Les Flamands, réfugiés à Lille sous Philippe de Flandre,

---

1. La *Chronique de Saint-Denis* donne 36 000 Flamands, la *Chronique anonyme des rois de France,* 70 000 !!!
2. *Chron. Artés.,* p. 89.
3. *Ann. Gand.,* p. 76.
4. Funck-Brentano, *Philippe le Bel en Flandre,* p. 476.

entrèrent aussitôt en négociations avec le roi. On sent que la bataille de Mons-en-Pévèle a ruiné leurs espérances. La ville s'engagea à se rendre le 26 septembre si elle n'est pas secourue (¹). Jean de Namur arriva le 21 sur la Marque avec une armée flamande, mais son seul but était d'obtenir la paix la moins désavantageuse possible. Elle fut conclue le 23 septembre grâce à la médiation du duc de Brabant. Ce ne fut d'abord qu'une trêve, mais il était entendu que des plénipotentiaires des deux partis devaient se réunir à Paris pour conclure la paix définitive avant l'octave de la Saint-André (²).

Mais la situation était tout à l'avantage du roi : il était maître de Lille, de Douai et d'Orchies par capitulations, et il pouvait attendre la conclusion d'une paix définitive. Aussi accorda-t-il facilement la prolongation successive des trêves jusqu'au 22 mai 1306.

Nous n'avons pas à étudier ici le traité d'Athis-sur-Orge (juin 1305) ni les longues négociations qui s'ensuivirent pour aboutir au traité de Pontoise et à la clause fameuse du transport de Flandre (³) qui cédait au roi de France, sans restriction (du moins deux jours après), les châtellenies de Lille, Douai et Béthune, c'est-à-dire la Flandre wallonne, c'est-à-dire enfin les conquêtes que la bataille de Mons-en-Pévèle avait assurées à Philippe le Bel. Venger le désastre de Courtrai, replacer la Flandre sous la suzeraineté réelle du roi de France, et lui donner en toute propriété la partie vraiment française du comté de Flandre, tels sont les véritables résultats de cette bataille si peu connue encore aujourd'hui que son nom est défiguré dans nombre de livres d'histoire. Avec Bouvines et Courtrai, c'est cependant le fait militaire le plus saillant de la lutte longue et acharnée des rois de France contre les indomptables communes de Flandre.

1. Et non le 24, comme le dit M. Funck-Brentano.
2. Donc avant le 7 décembre. Voir M. Funck-Brentano, que nous résumons ici.
3. 11 juillet 1312. Lire sur ce sujet E. Desplanque, *Le Transport de Flandre*.

Nancy, imprimerie Berger-Levrault et Cie.

9 782019 930752